LA TACTIQUE FRANÇAISE

CAVALERIE

PAR

LE LUYER MORVAN

PARIS
CH. TANERA, ÉDITEUR,
LIBRAIRIE POUR L'ART MILITAIRE, LES SCIENCES ET LES ARTS,
Rue de Savoie, 6.

1862

LA

TACTIQUE FRANÇAISE

Paris. — Imprimerie de L. MARTINET, rue Mignon, 2.

LA TACTIQUE FRANÇAISE

CAVALERIE

PAR

LE LUYER MORVAN

PARIS

CH. TANERA, ÉDITEUR,

LIBRAIRIE POUR L'ART MILITAIRE, LES SCIENCES ET LES ARTS,

Rue de Savoie, 6.

1862

LA

TACTIQUE FRANÇAISE

CAVALERIE

CONSIDÉRATIONS GÉNÉRALES.

I.

« Pour bien faire, a dit Napoléon Ier, une armée doit changer de tactique tous les dix ans. »

A prendre au pied de la lettre ce mot du grand capitaine, il n'y aurait pas de tactique spéciale pour telle ou telle armée, et ce serait de notre part une témérité grande que d'intituler ce livre : *La tactique française.*

Néanmoins nous persistons, et voici pourquoi : Napoléon avait plutôt la science infuse que la science acquise de la tactique ; et ce qui le prouve, c'est que partout où le cadre restreint de son armée lui a permis de surveiller personnellement les détails d'exécution: dans les campagnes d'Italie, d'Égypte et de France, il s'en est merveilleusement acquitté, comme de toutes choses ; tandis qu'en d'autres circonstances, entraîné dans les régions plus élevées des grandes combinaisons et de la stratégie, il a laissé faire ses lieutenants, dédaignant ainsi cette partie de l'art de la guerre qui, pour être plus modeste, n'en a pas moins une importance primordiale.

Funeste négligence ! dont il a été cruellement puni, car c'est de là certainement qu'est parti le dernier et le plus terrible des coups qui l'ont accablé, et la France avec lui.

A quelle autre cause, en effet, attribuer le désastre de Waterloo qu'au manque de principes arrêtés, chez quelques-uns de nos généraux, en matière de tactique ?

A l'inaction de Grouchy, dit-on volontiers.

Certes, Grouchy fut grandement coupable, car il pouvait amoindrir la catastrophe, et il ne l'a pas fait ; mais, il faut bien le dire, il n'entrait pas dans la combinaison de la victoire ; et là, plus que partout ailleurs peut-être, Napoléon la recherchait uniquement et non pas l'atténuation d'une défaite.

Il est donc évident, pour qui possède la moindre notion du système de Napoléon, qu'il ne comptait sur Grouchy que pour maintenir la séparation des deux armées ennemies, et vraiment il n'avait pas besoin d'y compter pour autre chose ; car, sans l'inconcevable malentendu par suite duquel le corps d'armée chargé de l'attaque principale s'offrit aux coups de l'ennemi en énormes colonnes par division (de deux brigades), au lieu de se former en colonnes (de bataillon) par division, comme le voulait l'ordre ; sans ce malentendu, disons-nous, l'armée de Wellington eût été battue à plate couture, et Blücher ne fût encore une fois arrivé sur le champ de bataille que pour tomber à point dans la gueule du loup.

Et le héros britannique, tant vanté, n'eût jamais été, vis-à-vis de Napoléon, que ce qu'il méritait d'être, à savoir : un grand général anglais, mais un petit capitaine.

Quoi qu'il en soit, pour en revenir à notre titre et à sa raison d'être, la tactique est à l'armée ce qu'est le style à l'homme. On peut changer l'un et l'autre superficiellement, mais à fond, jamais.

Ainsi l'on ne saurait dire impunément aux mêmes soldats : aujourd'hui nous allons vous armer à la légère et vous exercer à courir sus à l'ennemi; mais dans dix ans nous vous enseignerons à vous introduire dans de lourdes boîtes de fer et à recevoir le choc avec l'impassibilité de rigueur sous un tel accoutrement.

Nous n'en voulons pour preuves que l'exemple des Prussiens et le nôtre. En fait de théories sur la tactique, les Prussiens sont, sans contredit, en avance sur nous de plus d'un siècle; seulement ils ont dépassé les moyens de leurs soldats, auxquels Frédéric nous semble avoir demandé tout ce qu'ils pouvaient donner; et c'est là sans doute ce qui a véritablement mérité à ce grand roi le titre de capitaine, car au point de vue absolu de l'art, il dut plutôt ses triomphes à l'inertie des généraux qui lui furent opposés qu'à l'élévation de son talent et à la valeur de son armée.

Quant aux Français, sans parler des nombreux

échecs que leur ont fait essuyer les anciennes armures, sans parler surtout de la honte que leur infligea le système de pusillanimité des Soubise et des Marcin, on a vu dans ces derniers temps à quoi ont abouti les efforts tentés pour remplacer l'impulsion de leur sang vif et généreux par la roideur germanique. Ce que cela nous a tué de vaillants soldats, en les plaçant dans la cruelle nécessité d'improviser sur le champ de bataille, Dieu le sait !

L'Empereur, justement frappé de ce déplorable état de choses, en a fait l'observation aux chefs de corps réunis après la campagne d'Italie, et depuis lors il songe à y remédier.

Malheureusement, l'Empereur ne peut tout faire par lui-même, et l'on tâtonne, parce que, ne voyant pas le but, on change uniquement pour changer ; et l'on ne trouve rien de plus ingénieux que de souder l'ordonnance de cavalerie à celle d'infanterie, déjà si compliquée, parce que, au lieu de s'appliquer à préciser le système de Napoléon, si parfaitement en rapport avec le tempérament de nos soldats, on s'obstine à s'appuyer sur les errements de Frédéric, errements excellents, sans doute, pour les soldats prussiens, mais, par cela même, détestables pour les nôtres, comme le sont généralement pour les hommes sanguins les remèdes des lymphatiques.

Le tempérament de notre armée est essentiellement offensif, il lui faut donc une tactique offensive, tactique variable, nous le répétons, dans ses applications, mais procédant toujours du même principe.

Pour rendre plus clairement notre pensée, supposons qu'un homme d'un tempérament offensif ait à rencontrer en combat singulier deux adversaires dont l'un tient mal son épée et se montre à découvert, tandis que la garde de l'autre est parfaite. Quelle conduite doit-il tenir dans les deux cas? Dans le premier, il n'aura qu'à foncer tout droit sur l'ennemi; dans le second, au contraire, il commencera, pour peu qu'il ait de circonspection, par le tâter, afin de l'amener, s'il est possible, à quitter sa position inabordable. A cet effet, il devra comprimer, pour rester momentanément sur la défensive, les élans de son ardeur, mais pour y recourir aussitôt que l'ennemi laisse voir le défaut de sa cuirasse, et alors le pousser à outrance, jusqu'à ce qu'il tombe ou crie merci.

Peut-être est-ce à ce dernier mode de combat qu'il nous conviendrait spécialement de recourir contre tels ennemis auxquels la sagesse commande, au moins autant que la courtoisie, de crier en toutes circonstances: *Tirez les premiers, messieurs les Anglais.*

Quoi qu'il en soit, en voilà assez pour justifier notre titre de *Tactique française.*

En réalité, ce titre s'applique plus spécialement à l'infanterie qu'aux autres armes, attendu que la cavalerie, par exemple, étant appelée à donner toujours offensivement, la tactique bonne pour celle d'une armée doit l'être également, en principe, pour toutes les autres; aussi ne le conservons-nous ici que comme titre général, ou, pour mieux dire, comme trait d'union entre les différentes armes de la même armée.

Expliquons-nous : soit une armée type dont la force totale serait représentée par 20, dont 10 d'élément offensif et 10 d'élément défensif, répartis comme il suit :

Infanterie.	Élément offensif.	5
	Élément défensif	5
Cavalerie :	Élément essentiellement offensif . .	5
Artillerie :	Élément essentiellement défensif . .	5

Nous simplifions les proportions pour rendre plus clairement notre pensée.

Il tombe sous le sens que deux armées quelconques peuvent arriver à posséder la même qualité de chevaux et le même matériel d'artillerie. Il en résulte que l'infanterie est la seule arme où le tempérament importe essentiellement, où gît par conséquent la différence des principes tactiques. C'est donc, en fin de compte, le tempérament de l'infanterie qui doit servir à déterminer la proportion de cavalerie et d'artillerie d'une armée convenablement organisée. Ainsi, pour en revenir au parallèle que nous avons déjà établi entre les armées prussienne et française ; si nous admettons que dans l'infanterie de la première l'élément défensif soit égal à 7, et l'élément offensif à 3, il est évident que pour rétablir l'équilibre, il faudrait augmenter l'élément purement offensif, c'est-à-dire la cavalerie, et l'égaler à 7, tandis qu'on pourrait réduire l'artillerie à 3.

Dans l'armée française, au contraire, l'élément offensif de l'infanterie étant égal à 7, toujours d'après la même hypothèse, et l'élément défensif à 3, on pourrait, à la rigueur, réduire la force de notre cavalerie à 3 ; mais dans ce cas il faudrait porter celle de l'artillerie à 7, ce qui reviendrait à faire le sacrifice d'une partie de nos avantages les plus précieux sans la compensation d'une notable économie, et à réduire bénévolement à l'état d'armée vulgaire celle que la nature a créée sans pareille.

Mais pourquoi, nous dira-t-on, au lieu de remplacer la cavalerie supprimée par de l'artillerie, ne pas le faire par l'infanterie, ce qui permettrait de conserver encore une grande prépondérance offensive sur les autres armées?

Certes, après des faits d'armes tels que celui des zouaves à Palestro, nous aurions mauvaise grâce à contester la justesse d'une pareille observation ; aussi ne faisons-nous aucune difficulté de reconnaître que l'on pourrait, sans trop grave inconvénient, opérer une réduction sur notre cavalerie ; mais seulement, *proh pudor!* sur la cavalerie légère, que nous nommerons cavalerie de combat, c'est-à-dire sur celle qui, étant appelée à donner partiellement, peut être remplacée quelquefois, et même avantageusement, par une infanterie dont l'audace et la vélocité sont aujourd'hui proverbiales.

Quant à notre cavalerie de bataille (grosse cavalerie et cavalerie de ligne, appelées à donner en masse), nous ne pensons pas qu'on puisse y toucher de sitôt, autrement que pour l'alléger, car elle seule peut, à un moment donné, exécuter ces mouvements décisifs dont les grandes combinaisons de Napoléon nous ont révélé les merveilleux effets.

Cependant la cavalerie, en général, et celle-là en particulier, excite contre elle, en ce moment, un *tolle* presque universel.

La cavalerie est morte, entend-on répéter de tous côtés; le tir à longue portée l'a tuée, et il ne reste plus qu'à la porter en terre avec tous les honneurs dus à son ancienne splendeur et au calme parfait avec lequel elle a vu approcher ses derniers moments.

Et cet avis n'est pas seulement celui du bon peuple, qui ne peut juger que sur les apparences, mais encore d'un grand nombre de militaires. Tant il est vrai qu'il ne suffit pas de porter le blé au moulin pour savoir en extraire la farine.

Quoi qu'il en soit, l'exagération des uns a naturellement amené celle des autres, et surtout de ceux qui combattent *pro aris et focis*, et parmi lesquels les plus modérés ripostent sans sourciller que, loin de s'amoindrir, le rôle de cette arme s'est, au contraire, considérablement agrandi.

D'où provient cette étrange contradiction? de l'ignorance ou bien de la passion? Un peu de l'une et beaucoup de l'autre. Non pas que nous entendions taxer d'ignorance de leurs sujets spéciaux ceux qui s'occupent d'infanterie, de cavalerie ou d'artillerie; mais, il faut bien le dire, on rencontre généralement chez eux une indifférence déplorable pour tout ce qui est en dehors du cadre qu'ils se sont tracé.

Or, parler d'artillerie ou de cavalerie, qui ne sont

que des accessoires, sans connaître parfaitement, sinon tous les détails d'organisation, du moins les propriétés principales de l'infanterie, c'est, pour en revenir à notre dernière comparaison, prétendre régler le jeu des écluses sans connaître les rouages du moulin.

C'est là pourtant le cas de l'armée française, où règne l'esprit d'exclusivisme le plus absolu; où parler d'infanterie au cavalier et surtout à l'artilleur, c'est presque faillir à la bienséance; et où le fantassin assez osé pour émettre son avis sur les autres armes, courrait grand risque de s'entendre crier : haro sur le baudet! comme si la manière de les mener au combat dépendait uniquement d'un dressage plus ou moins parfait, ou d'une courbe plus ou moins exactement calculée.

Autant dire qu'il faut avoir inventé des airs comme Baucher, ou découvert des planètes comme Leverrier, pour se permettre d'aborder de semblables questions.

Certes, nous honorons fort ces spécialistes distingués, mais de là à les proclamer les premiers tacticiens du monde, ou du moins à n'accepter, à ce propos, que la compétence des mathématiciens hors ligne et des hommes de cheval brevetés, il y a loin.

En fait de tactique, en effet, l'essentiel n'est pas d'avoir une connaissance transcendante de telle ou telle question spéciale, mais bien de savoir combiner l'action des trois armes, entre lesquelles il existe des liens non moins indispensables que ceux qui tiennent attachés les bras et les jambes à tout corps humain.

Sans doute, un homme peut vivre et même très

convenablement, quoique privé d'un ou de plusieurs membres; mais s'il est obligé de se comporter comme un être complet, il court le risque de se trouver souvent dans l'embarras. Ainsi, qu'il ait simplement à voyager dans un terrain mal frayé, à traverser une haie, un marais ou tout autre obstacle, et que les bras ou les jambes lui fassent défaut! Peut-être le corps n'en parviendra-t-il pas moins à passer, mais ce ne sera généralement pas sans s'accrocher aux épines du buisson, ou sans patauger misérablement dans le bourbier.

Si, dans l'armée, nous représentons le corps par l'infanterie, les bras par l'artillerie, les jambes par la cavalerie, et que nous cherchions, dans les faits qui viennent de s'accomplir sous nos yeux, la morale de cette comparaison, nous trouvons : à Sébastopol, une haie des plus désagréables à traverser. Sans doute, l'armée n'y était pas complétement privée de ses bras, mais, pour une raison ou pour une autre, ils ont produit peu d'effet; aussi le corps en est-il sorti horriblement meurtri.

En Italie, notre artillerie de bataille, dont la supériorité est aujourd'hui incontestablement établie, — non pas cependant à cause de ses rayures, mais bien de son audace et de sa légèreté, — notre artillerie de bataille, disons-nous, a suffisamment écarté les ronces du chemin, mais les jambes ont fait défaut ou à peu près, et le corps, en passant, en a cruellement pâti. Est-ce la faute de notre cavalerie, ou bien est-ce, comme nous le pensons, parce qu'en bonne guerre elle devait se réserver pour riposter à celle de l'ennemi? En tout cas, ce n'a pas été, de sa part, faute de vouloir qu'il en fût autrement.

Quoi qu'il en soit, du reste, la seule conclusion que nous prétendions tirer pour le moment de ces observations, c'est qu'il existe, entre les trois armes, la plus étroite corrélation, et que tout chef appelé à en avoir sous ses ordres des fractions grandes ou petites, doit savoir les manier également; autrement dit : que tout officier ayant mérité le titre significatif de général, ne doit plus appartenir exclusivement à l'infanterie, à la cavalerie ou à l'artillerie. Nous parlons ici, bien entendu, des généraux de champ de bataille, et cela sans vouloir contester en rien le mérite de ceux qui, par la spécialité de leurs travaux, ont leur place naturellement marquée aux conseils des états majors et aux délibérations des comités.

II.

En fait de comités, nous en connaissons un spécial pour chaque arme, mais nous ne sachions pas qu'il y en ait un pour toutes les armes.

Peut-être serait-ce là, cependant, le remède le plus efficace contre le marasme dans lequel est tombée l'éducation militaire en France.

A vrai dire, et tout en exprimant le plus profond respect pour les comités en général, nous préférerions voir combler cette lacune par un cercle militaire dans le genre de celui que Jomini nous propose pour modèle : « auquel les officiers les plus instruits étaient abonnés. On trouvait dans cet établissement les ouvrages militaires écrits dans toutes les langues; les membres de la Société commentaient ces ouvrages, discutaient les différentes branches de la tactique, et des prix étaient décernés à ceux qui avaient présenté des principes importants, ou résolu, par les maximes les plus reconnues, des questions d'un intérêt majeur pour l'art ».

On ne manquera probablement pas de nous objecter que c'est là un projet chimérique, parce qu'il n'existe pas dans l'armée française le même goût pour l'étude que dans celle de Prusse.

Erreur. En France, ce n'est pas le goût de l'étude qui manque, et la preuve, c'est l'immense succès de l'école normale de tir qui, tout en n'offrant à ses adeptes que le mince attrait d'une série de leçons à apprendre soigneusement par point et par virgule, a fini par acquérir une importance tellement en dehors de toute proportion, qu'elle nous fait l'effet d'une énorme gibbosité sur les épaules de l'armée.

Ceci soit dit, toutefois, sans vouloir nier l'utilité de la précision dans le tir; mais, pour l'armée française, ce n'est là, comme l'a dit l'empereur Napoléon III au commencement de la campagne d'Italie, qu'une question secondaire, attendu que la baïonnette est toujours l'arme terrible des batailles.

Aussi rien de plus ridicule que l'engouement général pour la longue portée, d'où découlent naturellement l'inutilité de la cavalerie, la toute-puissance du canon, et tant d'autres grosses naïvetés qui courent aujourd'hui les rues aux lieu et place de feu l'esprit français.

Évidemment, la réunion des officiers dans les conditions indiquées plus haut aurait pour résultat de faire évanouir toutes ces fantasmagories inventées par des cerveaux déréglés pour frapper l'imagination des badauds.

Un autre avantage de cette réunion serait naturellement d'assimiler autant que possible, pour en faciliter l'étude, les théories des différentes armes. Nous disons autant que possible, pour ne pas tomber dans le même excès qu'un écrivain militaire, d'ailleurs fort distingué, qui a cherché naguère à atteindre ce but, et qui n'a produit, en fait de théorie, qu'un rêve de parfaite égalité.

Il n'y a pas d'égalité absolue dans l'humanité, et quiconque perdra son temps à la chercher aboutira infailliblement à la négation de tout avantage physique et moral, c'est-à-dire au néant.

Le néant, pour l'armée, c'est l'immobilité, et l'auteur en question nous eût singulièrement surpris s'il n'y avait pas abouti.

Mais pour ne nous avoir point épargné cette surprise, ce n'est pas à dire qu'il ne nous en ait pas ménagé d'autres; au contraire.

Ainsi, tous les traités d'art militaire avaient, jusqu'à présent, laissé au fantassin la faculté précieuse que la nature lui a donnée de faire face à droite, à gauche et même en arrière sans déranger son voisin; et si quelques-uns s'étaient efforcés d'atténuer cet avantage en imaginant les contre-marches et autres mouvements du même genre, au moins n'avaient-ils pas osé le supprimer complétement. Dans l'étude dont nous parlons, l'opération est radicale. A l'en croire, infanterie et cavalerie ne feraient plus désormais demi-tour que par peloton.

De sorte que chaque homme d'un peloton menacé par derrière, au lieu de se retourner vivement pour faire face au danger, comme il en a naturellement l'idée, devrait s'exercer, au préalable, durant une double conversion, à donner de la hanche et à suivre de l'œil le mouvement de l'aile marchante.

Tant pis si l'ennemi vous enlève pendant ce temps-là. Périssent tous les pelotons de l'armée plutôt qu'un principe !

On appelle cela des principes ! Des principes qui nous mènent à de beaux résultats ! Témoin la ligne de bataille suivante : l'infanterie à droite, l'artillerie au centre et la cavalerie à gauche.

Ajoutons à cela une formation générale de carrés exécutée à un moment donné par l'artillerie et la cavalerie à l'unisson de l'infanterie, et nous aurons couronné l'édifice.

Simple question d'exercice, ne manquera-t-on pas de répondre à ces observations : autre chose est le champ de Mars, autre chose le champ de bataille. Soit, mais que penser d'un architecte qui, pour s'exercer à bâtir, entasserait toutes les pierres à droite, les bois de construction à gauche, et répandrait son mortier entre les deux tas ?

Eh bien ! nous pensons exactement la même chose de tout faiseur de théories dont l'application n'est possible qu'au champ de Mars.

III.

« Les principes, dit Jomini dans son *Traité des grandes opérations*, sont invariables; l'esprit humain ne peut ni les modifier ni les détruire.

» Au lieu de se laisser entraîner à de fatigantes dissertations dont le résultat a été de persuader à beaucoup de militaires, d'ailleurs fort estimables, qu'il n'y avait point de règles à la guerre ; au lieu de créer des systèmes absurdes, détruits les uns par les autres, les auteurs auraient dû commencer par établir les principes auxquels toutes les combinaisons se rapportent. C'était un travail plus grand, plus difficile, mais il eût offert un résultat assuré. »

Nous venons de montrer par un exemple à quelles énormités l'esprit le plus judicieux peut se laisser entraîner lorsqu'il base son système sur une idée absurde. Nous en citerons un autre qui est spécial à la cavalerie, et pour qu'on ne puisse pas nous taxer d'exagération, nous citerons textuellement :

« Si l'artillerie, dit notre nouvel auteur, en cherchant à donner à ses canons le perfectionnement que nous avons indiqué, trouvait une arme portant à 4000 mètres, c'est-à-dire à une distance quadruple de celle du fusil rayé de l'infanterie, elle aurait résolu le problème le plus important que l'on pût imaginer de nos jours. La nation qui, la première, amènera sur un champ de bataille des canons tirant à 4 ou 5000 mètres de distance *avec autant de justesse et de sûreté* qu'autrefois à 400 mètres, aura, à coup sûr, une supériorité immense et décisive sur l'ennemi qui arrivera avec d'anciens canons à petite portée. Mais ce canon merveilleux est-il ou sera-t-il trouvé à temps ? *That is the question.* »

Peut-être est-ce là une question en effet ; mais, à coup sûr, ce n'est pas la vraie question, car elle est tout juste aussi sérieuse que celles de la quadrature du cercle, de la pierre philosophale et de l'ascension dans la lune.

Nous n'insisterons pas.

Et maintenant voici pourquoi nous avons pris à partie les deux ouvrages les plus marquants publiés en France dans ces derniers temps sur la matière. Quand un édifice menace ruine, il y a deux manières d'y remédier : on le replâtre ou bien on le reconstruit de fond en comble.

On a recours au replâtrage toutes les fois que la base en est solide ou qu'on n'a pas les moyens de faire autrement. Nous n'avons aucun goût pour cette dernière méthode. Aussi n'avions-nous pas plutôt résolu de bâtir, que nous prenions en main la pioche et la cognée.

Après avoir impitoyablement rasé les dépendances de l'édifice que nous voulons remplacer, nous voici arrivé au corps principal, c'est-à-dire à l'*ordonnance.*

Nous ne voulons lui donner qu'un seul coup, mais il sera rude, et cela sans que nous ayons à faire un grand effort, car il nous suffira de l'ouvrir et de la citer au hasard.

La division étant sur deux lignes à demi-distance; exécuter un changement de front en avant; sur l'aile droite de la première ligne.

COMMANDEMENTS					OBSERVATIONS.
DU GÉNÉRAL DE DIVISION.	DES GÉNÉRAUX DE BRIGADE.	DES COLONELS.	DES CHEFS D'ESCADRONS.	DES CAPITAINES COMMANDANTS.	
1. GARDE A VOUS. 2. CHANGEMENT DE FRONT = SUR L'AILE DROITE DE LA PREMIÈRE LIGNE. 3. MARCHE.	Ire BRIGADE. 1. Garde à vous. 2. Sur le premier escadron du deuxième régiment = la gauche en tête = formez la colonne serrée. 3. Au trot. 4. Marche. 1. Colonne en avant. 2. Au trot. 3. Marche. 1. Par la queue de la colonne = à droite en bataille. 2. Marche.	1er RÉGIMENT. 1. Garde à vous. 2. Sur le premier escadron du deuxième régiment = la gauche en tête = formez la colonne serrée = pelotons à gauche. 3. Au trot. 4. Marche. 2e RÉGIMENT. 1. Garde à vous. 2. Sur le premier escadron = la gauche en tête = formez la colonne serrée. 3. Au trot. 4. Marche. 1er et 2e RÉGIMENTS. 1. Colonne en avant. 2. Au trot. 3. Marche. *Et chaque régiment successivement:* 1. Par la queue de la colonne = à droite en bataille. 2. Marche. 3. Fixe.	*Les chefs d'escadrons répètent les commandements des colonels, excepté* GARDE A VOUS *et* FIXE.	IIe BRIGADE. 1er RÉGIMENT. — *6e escadron.* 1. Pelotons à gauche = tête de colonne à gauche. 2. Au trot. 3. Marche. 4. En = avant. 5. Guide à droite. 1. Tête de colonne à droite. 1. Pelotons à droite. 2. Marche. 3. Halte. 4. A droite = Alignement. 5. Fixe. 5e, 4e, 3e 2e et 1er *escadrons.* 1. Pelotons à gauche = tête de colonne demi-à-gauche. 2. Au trot. 3. Marche. 4. En = avant. 5. Guide à droite. 1. Tête de colonne demi-à-droite. 1. Pelotons à droite. 2. Marche. 3. Halte. 4. A droite = Alignement. 5. Fixe. 2e RÉGIMENT. — *Les escadrons de ce régiment exécutent leurs mouvements comme il est prescrit n° 815.* 1er et 2e RÉGIMENTS. — *Tous les escadrons.* 1. Escadron en avant. 2. Guide à droite. 3. Au trot. 4. Marche. *Et successivement chaque escadron, en commençant par le premier du premier régiment :* 1. Escadron à droite. 2. Marche. 3. En = avant. 4. Escadron. 5. Halte. 6. A droite = Alignement. 7. Fixe.	

Voilà l'interminable série des commandements exigés par le plus simple des mouvements compris dans l'*ordonnance :* le temps de les réciter, et le moment propice est naturellement passé.

Comment s'étonner ensuite de rencontrer parfois de l'hésitation dans notre cavalerie !

« Dans une manœuvre de cavalerie à Paris, lisons-
» nous dans un ouvrage militaire allemand, il arriva
» que, d'après une montre parfaitement réglée, une
» brigade de cavalerie prussienne aurait entièrement
» exécuté une évolution avant que, dans la brigade
» de cavalerie française, les commandements d'exé-
» cution eussent été faits par les derniers chefs de
» peloton. »

Que l'on suppose maintenant la théorie prussienne appliquée par des cavaliers du tempérament des nôtres. Que d'occasions ne saisiraient-ils pas d'enlever notre artillerie, de culbuter notre infanterie et de prendre notre cavalerie en flagrant délit d'abus de commandements !

IV.

« La critique est aisée et l'art est difficile. »

Nous avons commencé par le plus facile, voici le moment venu d'aborder les difficultés.

Si nous nous trompons, nous ne réclamons pas plus d'indulgence que nous n'en accordons aux autres, car il doit en être de la publicité comme de l'épée : ceux qui s'en servent pour frapper en seront frappés à leur tour. Chaussons donc l'étrier sans tarder davantage.

Dans toute cavalerie bien organisée il y a quatre espèces de cavaliers, ou du moins quatre services différents pour cette arme; car, ainsi qu'on va le voir par le tableau suivant, elle pourrait se diviser plus simplement en deux grandes catégories : la cavalerie de combat et la cavalerie de bataille.

Les différents services de la cavalerie, pour ne pas dire les différentes cavaleries, sont :

1° La cavalerie divisionnaire....	Cavalerie de combat.
2° La cavalerie de corps d'armée.	
3° La cavalerie d'armée........	Cavalerie de bataille.
4° La cavalerie de réserve......	Mi-partie cavalerie de combat et cavalerie de bataille.

Précisons : Dans une armée composée d'un certain nombre de corps d'armée et d'une réserve, la cavalerie sera répartie de la manière suivante :

Dans chaque division d'infanterie un escadron d'éclaireurs (chasseurs), ce qui constituera un régiment d'éclaireurs par corps d'armée.

Dans chaque corps d'armée, outre le régiment d'éclaireurs, une division de harceleurs (houzards), qui sera placée par régiment derrière les ailes, à l'avant et à l'arrière-garde de ce corps. Toutefois cette disposition est loin d'être absolue, car, d'après ce que nous avons déjà dit de la combinaison des deux armes dans l'armée française, il sera loisible de diminuer sensiblement le nombre des cavaliers de soutien immédiat de l'infanterie, ce qui permettra de les distraire du seul service qu'ils puissent faire dans les autres armées pour harceler l'ennemi par détachements avant la bataille, ou pour former pendant l'action des masses destinées à le poursuivre à l'heure de la défaite.

Voilà pourquoi nous les avons appelés harceleurs, et pourquoi leur service ayant, dans ces conditions, une grande analogie avec celui des éclaireurs, nous pensons qu'on pourrait les comprendre dans une seule et même cavalerie, dite *cavalerie de combat.*

La cavalerie de bataille (représentée aujourd'hui par les lanciers, les dragons, les cuirassiers et les carabiniers) sera placée par division derrière les ailes, à l'avant et à l'arrière-garde de l'armée.

Toutes les fois que le terrain permettra à cette cavalerie de donner au point décisif, elle devra s'y transporter en masse pour frapper ces grands coups, qui, semblables à ceux de la foudre, anéantissent tout sur leur passage, et qui en feront toujours, quoi qu'on en puisse dire, l'arme des victoires splendides et surtout décisives.

La cavalerie de réserve n'est autre chose qu'une combinaison de celle de combat et de bataille (la cavalerie de la garde actuelle). Nous ne la mentionnons donc que pour mémoire.

Nous avons imaginé un type unique de *cavalerie de combat*. Pour y ramener également la *cavalerie de bataille*, nous ferions volontiers le sacrifice des casques, cuirasses et autres armes purement défensives qui n'ont que de mauvaises raisons d'être dans la cavalerie, et qui en ont de très bonnes, au contraire, de n'être pas.

En effet, si ces armes ont pour but de donner de la confiance au soldat, c'est une pauvre raison à faire valoir dans l'armée française, et si c'est pour le préserver, il en faudrait garnir également le cheval, dont la conservation n'importe pas moins, attendu que le cavalier démonté dans ces conditions ne peut plus être d'aucune utilité.

Du reste, pour un cavalier que l'on conserve de la sorte on en perdra dix, par suite des fatigues et de l'amoindrissement que le surcroît de poids apporte nécessairement à l'élan et à la rapidité de la charge.

Quant aux autres armes, nous pensons que le fusil est bon pour la cavalerie de combat et pour les tirailleurs de la cavalerie de bataille, dont l'arme spéciale devra être purement offensive, et, autant que possible, d'estoc et de taille.

Le sabre droit nous semble insuffisant pour l'un et l'autre de ces deux buts, et la lance, qui n'en peut remplir qu'un seul, est, en outre, trop longue et d'un maniement si difficile qu'elle n'a qu'une efficacité de hasard. Nous pourrions citer à l'appui l'exemple d'un officier supérieur de l'armée qui, poursuivi par une bande de cosaques, a pu subir, sans en être incommodé, jusqu'à dix-sept atteintes de cette arme.

En conséquence, nous aimerions mieux autre chose. Mais nous ne croyons pas devoir nous étendre ici sur ce sujet, parce que l'important, à notre avis, en fait d'armes de la cavalerie de bataille, c'est qu'elle en ait le moins possible ; car, ainsi que nous l'avons déjà dit, ce qu'on lui demande, ce n'est pas précisément l'effort du cavalier isolé, mais bien l'élan d'une masse de cavalerie.

Qu'on donne donc avant tout, à chaque cavalier une bonne paire d'éperons qui méprise tous les obstacles, et à la cavalerie un éperon ardent à l'attaque, un éperon hardi jusqu'à la témérité, un éperon enragé.

Est-ce à dire que nous prétendions aller à l'encontre de la nouvelle école d'équitation, ériger la brutalité en système et condamner le cheval aux allures forcées à perpétuité ?

Nullement. Nous parlons ici beaucoup au figuré, c'est-à-dire qu'à notre avis l'éperon doit être pour la cavalerie ce qu'est la baïonnette pour l'infanterie. Or, chacun sait que les charges à la baïonnette sont très rarement, pour ne pas dire qu'elles ne sont jamais, effectives.

Ce qu'on entend par charge à la baïonnette, c'est l'élan.

Si l'élan est bon, l'ennemi lâche généralement pied ; dans le cas contraire, si l'assaillant hésite, si les hommes arrivent isolément ou par petits groupes insignifiants sur l'ennemi, celui-ci tient bon, les massacre en détail ou les fait prisonniers, et, en tout cas, ne leur laisse pas le loisir de faire de l'escrime à la baïonnette.

En conséquence, tout ce que nous demandons à l'éperon, c'est qu'il soit, comme la baïonnette, irrésistible à un moment donné.

Le but de l'équitation militaire est ainsi tout tracé : elle doit s'appliquer uniquement à faire de hardis cavaliers.

L'instruction des régiments est-elle généralement dirigée de manière à atteindre ce but? Nous ne le pensons pas, quoiqu'on vienne d'y introduire de grandes améliorations.

Dans un pays comme le nôtre, où les exigences, trop grandes peut-être, de la taille ne laissent pas assez de latitude pour le choix des cavaliers, il y aurait mieux à faire pour allumer, chez les hommes demeurés étrangers au cheval jusqu'à leur entrée au service, ce feu sacré sans lequel l'art et le génie lui-même sont impuissants à produire les grandes choses de la guerre.

Le premier élément du feu sacré de la cavalerie, c'est le goût du cheval; car, sans ce goût, pas de cavalier.

Que fait-on cependant dans nos régiments pour l'inspirer à ceux qui ne l'avaient pas avant d'y entrer? Moins que rien, car le cheval y est incessamment pour eux un sujet d'ennuis et de corvées et jamais d'agrément.

Aussi n'y voit-on que très peu de cavaliers véritablement attachés à leur cheval, tandis qu'il serait si facile d'obtenir ce résultat! Il suffirait, en effet, d'exciter l'amour-propre des hommes, et pour cela de remettre en honneur, dans les corps, les carrousels, les courses, les steeple-chases, etc., etc.

La moindre récompense, un galon de première classe, un rien, accordé au plus habile et surtout au plus hardi, ferait faire merveilles, et l'on entendrait bientôt répéter que les Français sont encore de fiers cavaliers. Et si l'on parvenait à mouiller le poil, jusqu'alors immaculé de ces pauvres bêtes, comme dit le maréchal de Saxe, il n'y aurait que demi-mal, car, en revanche, nous serions moins exposés à les voir rester en chemin dès la première étape, et manquer de souffle au moment du combat.

ÉVOLUTIONS DE L'ESCADRON.

OBSERVATIONS.

Nous ne conserverons pas l'organisation actuelle de l'escadron pour deux raisons majeures :

La première, parce qu'elle annihile les grades d'élection et donne à d'autres une importance qu'ils ne doivent pas avoir. Ainsi la fonction principale, après celle du général, est évidemment celle du capitaine-commandant, que tous les officiers sont appelés à remplir à l'ancienneté, tandis que le chef d'escadron est réduit à jouer le rôle infime, pour ne pas dire humiliant, de porte-voix.

La seconde raison, c'est que quatre pelotons, surtout de la force de ceux de la cavalerie, ne peuvent pas suffire à constituer une véritable unité tactique, qui comporte un corps de troupe, des éclaireurs et une réserve.

Cette règle est absolue pour la cavalerie comme pour l'infanterie, car, en thèse générale, l'escadron qui charge sans s'éclairer commet une faute énorme, et la faiblesse des flancs de cette arme, jointe à l'utilité pour une troupe quelconque de pouvoir faire diversion à un moment donné, démontre surabondamment la nécessité de la réserve.

Or, si nous détachons de l'escadron un peloton d'éclaireurs, un peloton de réserve, et que l'occasion se présente, par exemple, de charger à droite et à gauche en fourrageurs, il reste, à la vérité, deux pelotons à cet effet, mais ces pelotons n'auraient pas de soutien immédiat, à moins d'exécuter la charge par demi-peloton, ce qui la rendrait insignifiante.

Nous formerons donc l'escadron de six pelotons, dont deux d'élite (ou de carabiniers), et nous le ferons commander par un chef d'escadron.

Les pelotons seront commandés par des lieutenants, la division de la tête par un capitaine en premier, la deuxième division par un capitaine en second, et enfin chaque peloton d'élite par un capitaine dont l'un en premier commandant la troisième division.

Afin de bien définir la forme de l'escadron, nous le supposerons placé sur un rang, ayant à droite et à gauche un peloton d'élite, et au centre les premier, deuxième, troisième et quatrième pelotons ordinaires. Nous placerons cet escadron en colonne double à demi-distance sur les deuxième et troisième pelotons, comme dans l'infanterie, et de la sorte la première division se trouvera composée des deuxième et troisième pelotons, la deuxième des premier et quatrième, et la troisième des deux pelotons d'élite.

Chaque peloton sera constamment encadré par ses guides de droite et de gauche; en outre, il y aura au centre de chaque division, entre les guides intérieurs des deux pelotons, un porte-guidon ou guide général.

Le guidon de la division des carabiniers servira de guidon de ralliement; dans le deuxième escadron de chaque régiment l'étendard servira de guidon à la première division.

Les chefs de division seront placés à deux longueurs en avant du centre de leur division, les chefs de peloton à une longueur devant le centre de leur peloton, et les serre-files à une longueur derrière le rang des cavaliers.

Telle sera la forme fondamentale de l'escadron.

Quant à la formation des pelotons sur un rang, on a l'habitude de dire qu'un second rang est indispensable pour remplir au besoin les vides du premier. Nous ne le pensons pas, attendu que, même au champ de Mars, le cheval du premier rang qui tombe ou ralentit, pendant la charge, au lieu d'être remplacé par celui du second de sa file, entraîne le plus souvent sa chute.

Le second rang a toutefois un autre mérite que nous ne faisons aucune difficulté de reconnaître, celui d'exciter les chevaux du premier, et c'est pour cela que nous le remplaçons avantageusement, sous tous les rapports, par la deuxième division. Du reste, si l'on tient à combattre à rangs unis, rien de plus simple que de faire serrer la deuxième division sur la première au *garde à vous pour charger*.

Quoi qu'il en soit, nous diviserons *les évolutions de*

l'escadron, ainsi constitué, en deux parties qui contiendront : la première, les mouvements de marche, et la deuxième, ceux de combat.

PREMIÈRE PARTIE.

MOUVEMENTS DE MARCHE.

Observations. — L'escadron marchera habituellement par le flanc des pelotons qui seront à cet effet numérotés par groupes de quatre.

Naturellement le demi-escadron de droite, qui a la gauche en tête, marchera par le flanc gauche, et celui de gauche par le flanc droit.

Les deux pelotons de chaque division marcheront ainsi à la même hauteur, séparés par un intervalle réservé pour les serre-files ; lequel intervalle sera représenté en route par la largeur de la voie parcourue, dans les manœuvres, par une longueur de cheval, et pourra être réduit à l'étendue strictement indispensable pour les serre-files, c'est-à-dire à une épaisseur de cheval. Ajoutons que le chef d'escadron pourra prendre indistinctement le guide à droite ou à gauche, suivant la convenance, toutes les fois qu'il n'aura pas à compter avec les exigences des opérations auxquelles il prend part.

Dans la marche de front, qui sera presque uniquement réservée pour le combat, l'escadron prendra toujours le guide au centre, de sorte qu'on pourra se dispenser de l'indiquer dans le commandement.

ARTICLE PREMIER.

FAIRE MARCHER L'ESCADRON EN LIGNE.

Commandements

du chef d'escadron.	*des chefs de division.*
1. Escadron, en avant.	1. Marche.
2. Marche.	

Au premier commandement, le porte-étendard et les guides extérieurs de la première division se portent en avant de trois longueurs de cheval, et l'adjudant-major donne la direction au porte-étendard, soit en se portant à quelques mètres en avant de lui, soit en la lui indiquant simplement dans le cas où le point sur lequel il doit marcher serait assez distinct.

Au commandement de *marche*, les cavaliers se mettent en mouvement, en observant de marcher botte à botte.

Les guides placés au centre de la première division auront soin de se maintenir exactement à trois longueurs en arrière du porte-étendard, qui marchera toujours droit devant lui tant que le chef d'escadron, directement ou par l'intermédiaire de l'adjudant-major, ne lui indiquera pas un point de direction plus à droite ou à gauche, auquel cas le premier commande : *point de direction plus à droite* (*ou à gauche*), afin que l'escadron puisse se conformer insensiblement, et en avançant l'une ou l'autre épaule, au mouvement du porte-étendard. Du reste, ce sera là le seul changement de direction de l'escadron marchant en bataille; car, dès que ce mouvement sera accentué, il s'exécutera par le changement de front tel que nous l'indiquerons plus loin.

Si, au lieu de faire faire un léger changement de direction à l'escadron, on veut le faire appuyer insensiblement à droite ou à gauche, le chef d'escadron commandera : 1. *oblique à droite* (*ou à gauche*); 2. *marche*, ce qui s'exécutera d'après les prescriptions de l'*instruction préparatoire*.

Pour faire marcher l'escadron en arrière, le chef d'escadron commandera : 1. *pour marcher en arrière*; 2. *escadron*, *demi-tour à droite* (*ou à gauche*); 3. *marche*.

Au commandement de *marche*, l'escadron fera demi-tour par groupe et marchera ensuite en arrière, en se conformant aux prescriptions de la marche en avant.

Si, au lieu de *pour marcher en arrière*, le chef d'escadron commandait : *pour marcher face en arrière*, le demi-tour s'exécuterait par peloton ou par la contre-marche aux commandements de *pelotons, demi-tour à droite* (*ou à gauche*), ou *contre-marche par le flanc droit* (*ou gauche*), comme nous l'indiquerons à la deuxième partie.

Les porte-guidons des deuxième et troisième divisions marchent exactement dans les traces de celui de la première, mais sans sortir de leur créneau.

S'il se présente un obstacle devant l'escadron, les

pelotons, qui doivent l'éviter, le font en marchant par le flanc, comme nous allons l'indiquer à l'article suivant.

ARTICLE II.

FAIRE MARCHER L'ESCADRON PAR LE FLANC DES PELOTONS ET CHANGER DE DIRECTION.

Commandements

du chef d'escadron.	*des chefs de division.*
1. Pour marcher par le flanc des pelotons.	1. Marche.
2. Escadron, par le flanc gauche et le flanc droit.	
3. Marche.	
4. Guide à droite (ou à gauche).	

Au premier commandement, les chefs de peloton préviennent leurs pelotons : ceux de droite de faire par le flanc gauche, et réciproquement.

Au commandement de *marche*, les pelotons se mettent par le flanc, en conversant par groupe, suivant les prescriptions de l'*instruction préparatoire*. Toutefois le groupe de gauche des pelotons de droite et celui de droite des pelotons de gauche, au lieu de converser, marchent ou continuent à marcher droit devant eux, suivant que l'escadron était en repos ou déjà en mouvement.

Les guides, placés au centre de la division, se portent devant le cavalier extérieur du groupe de tête de leur peloton, les chefs de peloton à côté de leur guide, et les chefs de division sur le flanc de la colonne du côté du guide.

Le chef d'escadron marchera en tête de son escadron, et l'adjudant-major à côté du guide de la tête.

Si l'escadron doit se porter en arrière par le flanc des pelotons, son chef lui commandera : 1. *pour marcher en arrière par le flanc des pelotons ;* 2. *escadron par le flanc droit et le flanc gauche;* 3. *marche.*

Pour exécuter ce mouvement, qui se fera par les ailes extérieures des pelotons, ceux de droite feront à droite, et réciproquement ; le groupe extrême de chaque peloton fera demi-tour, et tous les autres viendront achever leur demi-tour à la même place.

Pour changer de direction à droite (ou à gauche), le chef d'escadron commandera : 1. *changement de direction à droite* (*ou à gauche*); 2. *marche.*

Ce mouvement s'exécutera par la conversion, d'après les prescriptions de l'*instruction préparatoire*, chaque groupe des pelotons intérieurs ralentissant l'allure pour converser en même temps que leur correspondant des pelotons extérieurs. Aussitôt la tête de l'escadron établie sur la nouvelle direction, le chef d'escadron indique le guide à prendre.

ARTICLE III.

ROMPRE ET FORMER LES DIVISIONS.

Commandements

du chef d'escadron.	*des chefs de division.*
1. Pour rompre les divisions.	1. Halte.
2. Escadron, halte.	*des chefs de peloton* (successivement).
	1. Peloton par le flanc gauche (ou droit.
	2. Marche.

Au premier commandement, tous les chefs de peloton préviennent leurs pelotons de s'arrêter, excepté celui du peloton de droite de la première division, qui le prévient de continuer à marcher.

Au commandement de *marche*, tout l'escadron s'arrête, excepté ce peloton. Lorsque son dernier groupe est à hauteur du premier du peloton de gauche de la même division, celui-ci commande : 1. *peloton en avant;* 2. *marche*, et ainsi de suite.

Si l'on veut exécuter ce mouvement de pied ferme, le chef d'escadron commande : 1. *pour marcher par le flanc des pelotons, rompez les divisions;* 2. *marche*, et le mouvement s'exécute successivement par chaque peloton, comme nous venons de l'indiquer.

Pour former les divisions, le chef d'escadron ou les chefs de division successivement commandent : 1. *formez les divisions* (*ou la division*); 2. *au trot, marche.*

Au premier commandement (supposons du chef d'escadron), tous les chefs de peloton, excepté celui de la tête, préviennent leurs pelotons de prendre le trot.

Au commandement de *marche*, le peloton de tête de la première division continue à marcher à la même allure, tandis que tous les autres pelotons prennent le trot et le conservent jusqu'aux commandements : 1. *Au pas ;* 2. *marche*, que fait leur chef au moment où ils ont gagné la place qu'ils doivent occuper.

Ce mouvement s'exécutera généralement au commandement successif de chaque chef de division, au point où la voie reprend suffisamment de largeur. Dans ce cas, les deux dernières divisions se forment comme la première, et ne rejoignent celle qui la précède qu'après s'être formées.

ARTICLE IV.

FAIRE RENTRER LES PELOTONS EN LIGNE.

Commandements

du chef d'escadron.	*des chefs de division.*
1. Pelotons en ligne.	1. Marche.
2. Marche.	

Ce mouvement s'exécutera d'après les prescriptions de l'*Instruction préparatoire*, c'est-à-dire que les groupes de tête de chaque peloton continueront à marcher droit devant eux, tandis que les autres feront d'abord une demi-conversion et se porteront ensuite sur la ligne, où ils prendront le guide au centre.

L'étendard et les guides de la première division se porteront en avant, comme il est prescrit, si l'on continue à marcher; et sur la ligne de bataille, si l'on s'arrête.

ARTICLE V.

FAIRE LES A-DROITE, LES A-GAUCHE ET LES DEMI-TOURS EN MARCHANT.

Commandements

du chef d'escadron.	*des chefs de division.*
1. Escadron, par le flanc droit (ou gauche). 2. Marche. 3. Direction à gauche (ou à droite).	1. Marche.

Ce mouvement s'exécutera par un simple à-droite (ou à-gauche) de chaque groupe; et la direction s'y prendra toujours du côté du front de l'escadron.

Le demi-tour s'exécutera par groupe aux commandements de : 1. *Pour marcher en arrière;* 2. *escadron, demi-tour à droite* (*ou à gauche*); 3. *marche.* S'il s'agissait de marcher face en arrière, les commandements seraient : 1. *Pour marcher face en arrière ;* 2. *pelotons, demi-tour à droite* (*ou à gauche*); 3. *marche.*

Nous insistons sur cette distinction pour bien établir le caractère purement transitoire des mouvements qui servent à faire appuyer l'escadron à droite, à gauche et en arrière, en lui conservant le même front.

ARTICLE VI.

ARRÊTER L'ESCADRON ET L'ALIGNER.

Commandements

du chef d'escadron.	*des chefs de division.*
1. Escadron, halte.	1. Halte.
2. Étendard et guides, sur la ligne.	*des chefs de peloton.*
3. Sur le centre, alignement.	1. Fixe.
4. Étendard et guides, à vos places.	

Au commandement de *halte*, l'escadron s'arrête ; au deuxième commandement, l'étendard et les guides se portent sur la ligne, où ils sont assurés par l'adjudant-major.

Dans un escadron isolé, le porte-étendard et les guides pourront faire indistinctement face vers la droite ou la gauche de l'escadron, à la volonté de son chef; mais dans une ligne de plusieurs escadrons, ils se tourneront toujours vers le centre de cette ligne. Au commandement d'*alignement,* les pelotons sont alignés par leurs chefs qui se sont placés : l'un à hauteur de la tête, et l'autre de la croupe du cheval du porte-étendard, et qui commandent *fixe*, lorsque leur peloton est aligné.

Au cinquième commandement, chefs de peloton et guides reprennent leur place.

Les deuxième et troisième divisions s'alignent sur leur porte-guidon, qui prend tout simplement sa distance en se tenant face en avant, et contre lequel les chefs de peloton se placent botte à botte pour aligner leurs pelotons.

DEUXIÈME PARTIE.

MOUVEMENTS DE COMBAT.

Observations. — Il y a, pour la cavalerie, trois manières de charger : en ligne, en fourrageurs et en masse.

La forme fondamentale de l'escadron, telle que nous l'avons définie, est celle de la charge en ligne, avec cette différence que, au commandement préparatoire pour charger, un des pelotons d'élite se déploie en tirailleurs, d'après les prescriptions de l'*Instruction préparatoire;* tandis que l'autre demeure en réserve, à telle place que lui indique le chef d'escadron, sous la main duquel il doit rester.

La charge en ligne sera surtout employée contre les carrés, et par conséquent dans les mouvements opérés par une grande masse de cavalerie, autrement dit dans les mouvements qui ont pour but d'épouvanter ou d'écraser l'ennemi; car il n'est pas supposable que l'infanterie se forme en carré contre une attaque partielle de cavalerie.

La charge en fourrageurs peut s'appliquer dans tous les cas, et particulièrement pour enlever les batteries, riposter à une cavalerie plus puissante et poursuivre les fuyards. Les difficultés du terrain devront seules la faire adopter contre les carrés.

Quant à la charge en masse, elle a pour but de faire une trouée dans une ligne de cavalerie ou d'infanterie, soit pour prendre ensuite cette ligne à revers en fourrageurs, soit pour opérer un ralliement, par exemple dans le cas où une ligne ennemie s'est reformée après avoir été percée.

La première qualité de la cavalerie, on ne saurait trop le répéter, c'est la rapidité; non-seulement celle des chevaux, mais encore celle de décision de ses chefs et d'exécution tactique.

La décision des chefs tient de la nature et ne se réglemente pas. Nous ne nous occuperons donc ici que de la rapidité des mouvements tactiques; mais nous nous appliquerons à la rendre aussi grande que possible.

A cet effet, nous ferons observer que la cavalerie n'étant appelée à donner qu'accidentellement, doit être toujours prête à saisir l'occasion, et par conséquent à charger instantanément de tous côtés.

C'est là le but que nous poursuivons, et si, comme nous nous en faisons fort, nous parvenons à mettre une division de cavalerie à même de charger sur ses quatre faces en moins de temps qu'il n'en faut, par le système en vigueur, pour exécuter un seul changement de front, nous n'aurons probablement pas prouvé que nous avons raison, parce qu'il est très difficile d'avoir raison contre la routine, mais du moins aurons-nous pleinement justifié la critique que nous nous sommes permise contre l'*Ordonnance*.

ARTICLE PREMIER.

CHANGEMENT DE FRONT A DROITE (OU A GAUCHE).

Commandements

du chef d'escadron.	*des chefs de division.*
1. Changement de front à droite (ou à gauche).	1. Marche.
2. Pelotons à droite (ou à gauche).	*des chefs de peloton.*
3. Marche.	1. Guide à gauche (ou à droite).
4. En avant.	

Au commandement de *marche*, tous les pelotons conversent à droite ou à gauche, d'après les prescriptions de l'*Instruction préparatoire* et leurs chefs, après le quatrième commandement du chef d'escadron, leur indiquent le guide qui doit toujours être au centre.

Dans ce mouvement, celui des pelotons d'élite qui doit couvrir la nouvelle face, fait son à-droite ou son à-gauche immédiatement et se tient prêt à se déployer, mais l'autre ne fait son à-droite ou son à-gauche qu'après avoir marché au moins l'étendue de son front en avant, afin de prendre la position de réserve que lui indiquera le chef d'escadron.

Si l'un de ces pelotons couvrait la première face, il se rallie tandis que l'autre se déploie sur la nouvelle.

Dans cette nouvelle position de l'escadron, la première division, ou si l'on aime mieux la division de la tête, commandée par le capitaine en premier, est composée des premier et deuxième pelotons, et la deuxième, commandée par le capitaine en second, comprend les troisième et quatrième pelotons.

Si l'escadron était surpris en marche et qu'il dût charger à droite ou à gauche, son chef commencerait par faire rentrer les pelotons en ligne, puis il exécuterait le changement de front comme nous venons de l'indiquer.

ARTICLE II.

CHANGEMENT DE FRONT EN ARRIÈRE.

Commandements

du chef d'escadron.	*des chefs de division.*
1. Changement de front en arrière.	1. Marche.
2. Pelotons, demi-tour à droite (ou à gauche).	*des chefs de pelotons.*
3. Marche.	1. Guide à droite (ou à gauche).

Au commandement de *marche*, les pelotons font demi-tour d'après les prescriptions de l'*Instruction préparatoire;* puis le mouvement s'exécute comme si l'on était face en avant.

Le peloton d'élite qui doit couvrir la nouvelle face fait demi-tour en même temps que les autres; mais celui qui doit rester en réserve ne le fait qu'après avoir été dépassé par le corps de l'escadron. Mêmes observations qu'à l'article précédent pour le cas où l'un d'eux aurait été déployé devant l'ancienne face.

Si le terrain ne permet pas de gagner l'espace d'un peloton à droite ou à gauche, le mouvement se fera par la contre-marche aux commandements de :

1. *Changement de front en arrière.*
2. *Contre-marche par le flanc droit* (*ou gauche*).
3. *Marche.*

4. *Escadron par le flanc gauche.*

5. *Marche.*

La contre-marche s'exécute par peloton, d'après les prescriptions de l'*Instruction préparatoire*, c'est-à-dire que les guides conduisent ou suivent le mouvement, et que les porte-guidons seuls font demi-tour sur place. Le cinquième commandement se fait au moment où la droite et la gauche des pelotons arrivent à la hauteur des porte-guidons.

Dans ce cas, le peloton de réserve qui doit se déployer, exécute sa contre-marche sur place comme le corps de l'escadron, tandis que l'autre, après avoir fait par le flanc, se porte en avant au lieu de converser, afin de laisser passer l'escadron, et converse ensuite aussitôt qu'il en a la possibilité.

ARTICLE III.

CHARGER EN LIGNE.

Commandements

du chef d'escadron.	*des chefs de division.*
1. Garde à vous pour charger.	1. Marche.
2. Escadron, en avant.	2. Marchez au trot.
3. Marche.	3. Marchez au galop.
4. Marchez au trot.	4. Chargez !
5. Marchez au galop.	
6. Chargez !	

Au premier commandement du chef d'escadron le peloton d'élite, désigné à cet effet, se déploie en tirailleurs, d'après les prescriptions de l'*Instruction préparatoire*, de manière à couvrir le front de l'escadron et la moitié de l'intervalle qui le sépare des escadrons voisins.

Les deuxième et troisième commandements s'exécutent comme il a été prescrit pour la marche ordinaire de l'escadron en ligne.

Au cinquième commandement les cavaliers mettent le sabre à la main, les tirailleurs ouvrent le passage, et chargent, au sixième, en fourrageurs à droite et à gauche de l'escadron qui s'applique à arriver sur l'ennemi aussi uni que possible.

Le cri de *chargez!* est vigoureusement répété par tous les officiers et cavaliers.

Pendant ce mouvement, le chef d'escadron se tiendra constamment en communication avec les tirailleurs par l'intermédiaire de l'adjudant-major et de l'adjudant, afin de pouvoir arrêter ou modifier à temps son attaque, suivant les difficultés du terrain ou les nouvelles dispositions de l'ennemi.

ARTICLE IV.

CHARGER EN FOURRAGEURS.

Commandements

du chef d'escadron.	*des chefs de division.*
1. Garde à vous pour charger en fourrageurs.	1. Marche.
2. Escadron, en avant.	....
3. Marche.	....
....	
....	

Les dispositions pour cette charge consistent à déployer derrière le peloton des tirailleurs une ligne de fourrageurs composée de deux pelotons.

Chaque groupe de cette ligne tiendra par conséquent un espace de 12 mètres, soit une longueur de cheval par cavalier.

Dans ce mouvement les tirailleurs du peloton d'élite chargent en tête des fourrageurs, après avoir aidé, en observant le terrain et les dispositions de l'ennemi, à déterminer s'il convient de le charger de front sur l'un ou l'autre de ses flancs, ou sur les deux à la fois.

Les fourrageurs seront fournis par les deux premières divisions qui déploieront chacune un peloton et laisseront l'autre en soutien.

Au commandement de *garde à vous pour charger en fourrageurs*, le peloton d'élite désigné pour couvrir l'escadron, se déploie en tirailleurs; les chefs des deux premières divisions désignent les pelotons de déploiement et ceux de soutien; puis les chefs de ces pelotons les préviennent de ce qu'ils ont à faire en se conformant aux prescriptions de l'*Instruction préparatoire*.

Au commandement de *marche*, les fourrageurs se déploient; ceux du peloton de droite sur la gauche, et réciproquement, tout en se portant en avant de manière à partager la distance entre les tirailleurs et la ligne de bataille.

En même temps les pelotons de soutien prennent position pour protéger les extrémités de la ligne des fourrageurs.

Quant au peloton de réserve placé derrière le centre de la ligne des fourrageurs, sous la main du chef d'escadron, il se tient prêt à appuyer le mouvement et le fait à la première occasion, à moins que l'escadron ne soit isolé, auquel cas il y apporte plus de circonspection.

Du reste, dans une ligne de plusieurs escadrons, les pelotons de soutien sont placés sur la ligne de bataille générale, et le peloton de réserve à hauteur de ceux des autres escadrons disposés pour charger en ligne ou bien en masse.

Au commandement de *marche,* tous les fourrageurs se porteront en avant avec autant de régularité que possible, jusqu'au commandement de *marchez au galop.*

A celui de *chargez!* chaque groupe des tirailleurs et des fourrageurs se jette sur l'ennemi, sans s'occuper de ses voisins.

Les pelotons de soutien les appuient immédiatement, ainsi que le peloton de réserve, à moins qu'il ne s'agisse d'un escadron isolé.

Si l'escadron doit charger en fourrageurs sur l'un ou l'autre flanc de l'ennemi, le chef d'escadron fera déployer ses pelotons obliquement à la ligne de bataille, et à cet effet il commandera : 1. *Garde à vous pour charger en fourrageurs à droite* (*ou à gauche*), etc., etc.

Pour exécuter ce mouvement, les fourrageurs se déploieront par le flanc droit, pour charger à gauche, et réciproquement, de manière à former une ligne plus ou moins oblique, suivant le cas, à la ligne de bataille et parallèle à celle des tirailleurs.

En tout cas, le groupe de gauche du peloton de fourrageurs de droite et celui de droite du peloton de gauche marcheront perpendiculairement au centre de la ligne de bataille de l'escadron.

Même observation que dans la charge directe, relativement aux pelotons de soutien et à celui de réserve, qui devra toutefois surveiller plus spécialement l'aile avancée de la ligne des fourrageurs.

La charge en fourrageurs sur les deux flancs de l'ennemi s'exécutera aux commandements de : 1. *Garde à vous pour charger en fourrageurs à gauche et à droite;* 2.....

Quant aux détails du mouvement, ils ne diffèrent de ceux du précédent que parce que chacun des pelotons de fourrageurs se déploiera par le flanc droit ou le flanc gauche obliquement en avant sur son groupe de gauche ou de droite, de manière à former une ligne en V au lieu d'une ligne droite.

ARTICLE V.

CHARGER EN MASSE.

Commandements

du chef d'escadron.	*des chefs de division.*
1. Garde à vous, pour charger en masse.	1. Marche.
2. Escadron, en avant.	....
3. Marche.	....
....	....
....	

La disposition de l'escadron pour charger en masse consiste à porter les quatre pelotons des deux premières divisions à la même hauteur, par le flanc, séparés par un espace d'une longueur de cheval réservé pour les chefs de division et de peloton, ainsi que pour les serre-files.

Cette formation s'obtient en faisant marcher la première division par le flanc de ses pelotons, en l'arrêtant aussitôt qu'ils sont établis, et en portant les deux pelotons de la deuxième division par le flanc droit et le flanc gauche, l'un à la droite et l'autre à la gauche de ceux de la première.

Quant au peloton de réserve, il reste de front et serre le plus possible sur le corps de l'escadron ou reste à distance, suivant qu'il doit ou non charger en même temps que lui. Ainsi, par exemple, s'il s'agit de percer une ligne ennemie en battant en retraite, il fait corps avec l'escadron dont le chef mène alors la charge.

Dans le mouvement offensif, au contraire, il reste généralement en réserve pour faire diversion ou protéger le ralliement.

Dans la charge en masse, au commandement de *chargez!* les tirailleurs font le feu le plus nourri possible sur le point où l'escadron veut s'ouvrir un passage, s'écartent ensuite pour laisser passer la charge, et suivent immédiatement l'escadron ou se rallient au peloton de réserve, suivant le cas.

Dans les mouvements offensifs, si la charge en masse réussit, les pelotons de droite font immédiatement à droite et ceux de gauche à gauche, pour se rabattre en fourrageurs sur les derrières de la ligne qu'ils viennent de percer.

En cas de retraite, une fois la ligne ennemie traversée, les cavaliers rejoignent le point de ralliement en s'éparpillant.

La charge en masse, telle que nous venons de la

définir, peut servir non-seulement à percer une ligne de cavalerie plus puissante et à s'ouvrir un passage dans une ligne quelconque, mais encore à rouler une ligne de tirailleurs; seulement, dans ce cas, elle s'exécutera généralement par une division ou par un peloton chargeant par le flanc.

ARTICLE VI.

RALLIEMENT ET RETRAITE.

Commandement du chef d'escadron.

Ralliement en avant (ou en arrière).

Il serait à désirer que ce mouvement pût toujours s'exécuter en avant, parce que ce serait généralement l'indice d'un succès qui en appelle d'autres; mais il n'en est pas ainsi, et même après des succès, la cavalerie peut être obligée de se rallier en arrière.

Quoi qu'il en soit, le chef d'escadron devra toujours indiquer à ses cavaliers, avant l'action, les points de ralliement en arrière et, autant que possible, en avant.

La charge exécutée, si l'escadron a, par exemple, enfoncé une première ligne, son chef devra le rallier avant de poursuivre l'ennemi, à moins que celui-ci ne soit en pleine déroute.

A cet effet, il se porte avec le peloton de réserve, ou tout au moins avec le guidon de ralliement et le noyau préposé spécialement à sa garde, sur le point indiqué d'avance ou sur tel autre qui lui paraîtrait plus convenable.

Dès que l'escadron s'est à peu près reformé, le peloton de réserve se déploie en tirailleurs et le guidon de ralliement demeure sous la garde de l'autre peloton d'élite qui devient réserve à son tour.

Le point de ralliement en arrière devra toujours être pris, autant que possible, derrière un soutien quelconque, soit une seconde ligne, soit une position gardée; mais jamais assez loin pour qu'on ait à craindre de voir dégénérer le ralliement en fuite.

La retraite d'un escadron qui vient de donner n'est autre chose que le ralliement en arrière.

Quant à la retraite de pied ferme, lorsque le chef d'escadron jugera à propos de l'opérer, il commandera : 1. *Pour battre en retraite;* 2. *marche.*

Au premier commandement, le peloton de réserve, sauf le guidon de ralliement et sa garde qui se dirigent sur le point choisi par le chef d'escadron pour le ralliement, le peloton de réserve, disons-nous, se porte en avant pour servir de soutien aux tirailleurs, qui chargent, s'il y a lieu, ou, en tous cas, en font la démonstration.

En même temps, le chef de la 2ᵉ division commande : 1. *Division, demi-tour à droite* (*ou à gauche*); 2. *marche.* A ce commandement, les chefs de peloton se portent devant la nouvelle face de leurs pelotons, qui devront opérer leur retraite aux allures vives et en s'éparpillant, mais toutefois de manière que les chefs de division et de peloton, aidés des serre-files, puissent rester assez maîtres du mouvement pour l'empêcher de dégénérer en débandade.

Au moment où la 2e division s'ébranle, c'est-à-dire au commandement de *marche* du chef d'escadron, le chef de la 1re division fait faire demi-tour à sa division et répète le mouvement de la 2e, de manière, en tous cas, à ne le faire que quelques instants après, pour éviter que l'escadron ne se pelotonne et n'offre, pendant toute la durée de la retraite, prise aux coups de l'artillerie ennemie. Enfin, la division de réserve suit, à l'égard de la première, la même règle que celle-ci par rapport à la deuxième.

ÉVOLUTIONS DE LA DIVISION.

OBSERVATIONS.

Étant donnée une division de cavalerie composée de quatre régiments dont chacun contient trois escadrons, supposons cette division placée sur un rang, et ployons-la en colonne double de régiment. Nous aurons ainsi deux lignes composées : la première des 2e et 3e régiments, et la deuxième des 1er et 4e.

Si nous comparons ensuite chacune de ces lignes formée de six escadrons à l'escadron formé de six pelotons, et que nous prenions les escadrons extrêmes pour servir de soutien et de réserve pendant le combat, d'avant et d'arrière-garde en toutes autres circonstances, nous obtiendrons : d'une part, l'étendue du front de déploiement de la division, calculée sur l'éventualité possible d'une charge de tous les escadrons de la première ligne en fourrageurs; et, d'autre part, la distance des deux lignes qui sera égale à l'étendue du front de deux escadrons.

Enfin, si nous supposons chaque escadron ployé sur son centre, d'après les prescriptions des *Évolutions de l'escadron*, nous aurons, pour la forme fondamentale de la division en bataille : en première ligne, les quatre escadrons centraux des 2e et 3e régiments, et, comme soutien de cette ligne dans le combat, ou bien comme avant-garde de la division en toute autre circonstance, les deux escadrons extrêmes.

En deuxième ligne, les quatre escadrons centraux des 1er et 4e régiments, et, comme arrière-garde ou réserve de la division, suivant le cas, les deux escadrons extrêmes.

Nous donnerons à la division ainsi constituée le nom de *colonne de combat*.

Pour obtenir la *colonne de route*, il suffira de ployer chaque ligne en colonne double d'escadrons à demi-distance, comme nous avons ployé l'escadron en colonne double de pelotons, et nous aurons ainsi deux colonnes parallèles, formées chacune d'une brigade. Dans cette colonne, les escadrons marcheront toujours par le flanc des pelotons, d'après les prescriptions des *évolutions de l'escadron*.

Il y aura pour la division une troisième forme que nous appellerons *colonne serrée*, qui se formera généralement soit pour l'arrêter, soit pour la dissimuler aux yeux de l'ennemi, soit pour la mettre mieux dans la main de son chef, soit pour tout autre motif.

Cette colonne se formera par le rapprochement des escadrons, et pas autrement ; c'est-à-dire que les divisions de chaque escadron conserveront toujours leur distance, afin d'éviter la confusion qu'occasionne inévitablement, en présence de l'ennemi, toute manœuvre intrinsèque dans cette unité, dont la condition principale est d'être toujours prête à donner.

Toutefois la troisième division pourra se départir à la rigueur de cette règle, à cause de l'indépendance relative de ses pelotons.

Ceci posé, nous diviserons les *évolutions de la division* en deux parties, contenant : l'une, les mouvements préparatoires; l'autre, ceux de combat.

PREMIÈRE PARTIE.

MOUVEMENTS PRÉPARATOIRES.

Observations. — Ainsi que nous l'avons dit, la colonne de route est composée de deux colonnes d'escadrons, formées l'une de la première brigade et l'autre de la deuxième, ayant celle-ci la droite et celle-là la gauche en tête.

Quelque forme qu'affecte l'ensemble de la colonne, les deux brigades conserveront leur autonomie et marcheront à la même hauteur autant que possible et chacune sur sa voie.

Dans le cas où la division devra suivre une seule voie, chacune des brigades en tiendra un côté. Si cela n'est pas possible, elles marcheront l'une à la suite de l'autre, mais pour revenir à la même hauteur aussitôt que le terrain le permettra, sinon en toutes circonstances, du moins quand on se trouve à proximité de l'ennemi, et qu'on peut être appelé à donner d'un moment à l'autre.

A moins de commandement spécial, le même escadron, le premier de la deuxième brigade, donnera toujours la direction.

Les escadrons de la première brigade prendront donc en principe la direction à gauche, et ceux de la deuxième à droite.

A ce propos, nous ferons observer que dans la marche de front, chaque escadron prenant toujours le guide au centre, le porte-étendard ou guidon n'aura pas à s'inquiéter de la direction générale. C'est le guide placé du côté de cette direction qui se maintiendra toujours à hauteur et à intervalle convenables, et qui servira de jalon à l'adjudant-major pour diriger le porte-étendard ou guidon.

En règle générale, la division sera précédée, suivie et flanquée, comme nous l'avons dit, de quatre escadrons, dont deux d'avant et deux d'arrière-garde, disposés de la manière suivante :

Devant chaque brigade, un peloton d'élite en éclaireurs, suivi d'une division, dont un peloton en tirailleurs et l'autre en soutien, l'autre division flanquant dans ces mêmes conditions, et le deuxième peloton d'élite servant de réserve. L'escadron d'arrière-garde prendra des dispositions analogues.

ARTICLE PREMIER.

MOUVEMENTS DE LA COLONNE DE ROUTE.

Commandements du général.	des chefs d'escadron.
1. Escadrons en avant. 2. Marche.	1. Escadron, en avant, guide à gauche (dans les escadrons de droite), et à droite (dans ceux de gauche). 2. Marche.

Ce mouvement s'exécutera par chaque escadron suivant les prescriptions des *Évolutions de l'escadron*. Quant à son ensemble, les escadrons se conformeront dans chaque brigade, autrement dit dans chaque colonne, aux mouvements de celui de la tête.

Lorsqu'il voudra faire changer de direction à la colonne, le général commandera et chaque chef d'escadron répétera successivement après lui : *Changement de direction à droite ou à gauche*. Ce mouvement s'exécutera par les escadrons de la colonne placée du côté de la nouvelle direction, comme il est prescrit aux *Évolutions de l'escadron*. La colonne extérieure exécutera son mouvement de la même manière, mais au trot et à un point indiqué par un jalonneur spécial, placé à telle distance en avant et sur la gauche (ou sur la droite) de celui de la colonne intérieure, que l'intervalle des brigades soit le même après qu'avant le changement de direction.

A mesure que les escadrons de la colonne extérieure arrivent à hauteur de leur correspondant de la colonne intérieure, ils reprennent le pas.

Pour faire rentrer les pelotons en ligne les commandements et l'exécution sont les mêmes qu'aux *Évolutions de l'escadron;* seulement pour exécuter ce mouvement, il faut qu'il y ait au moins intervalle de division entre les deux brigades ou colonnes. Si cet intervalle a été resserré, dans un défilé par exemple, chaque chef de division fera appuyer sa division à droite ou à gauche, suivant qu'il appartient à la colonne de droite ou de gauche, pour le reprendre aussitôt que possible, et nécessairement avant de faire rentrer les pelotons en ligne.

Enfin on fera appuyer la colonne à droite, à gauche, en arrière, et on l'arrêtera et alignera d'après les prescriptions des *évolutions de l'escadron*.

ARTICLE II.

PASSER DE LA COLONNE DE ROUTE A LA COLONNE SERRÉE, ET RÉCIPROQUEMENT.

Commandements

du général.	*des chefs d'escadron.*
1. Formez la colonne serrée.	1. Formez la colonne serrée.
2. Marche.	....

Au premier commandement, les chefs des deux escadrons de la tête commandent : *Pelotons en ligne* et *halte* au commandement de *marche*, puis ils alignent leurs escadrons, celui de la deuxième brigade à la place où on l'arrête, et celui de la première à tel intervalle qu'il conviendra au général d'indiquer par des jalonneurs. Les autres escadrons continuent à marcher et lorsqu'ils arrivent successivement à distance de peloton de celui qui les précède, leurs chefs les arrêtent et les alignent de la même manière. Lorsque, par exception, le général voudra former la colonne serrée sur un autre escadron que celui de la tête, il commandera : 1. *Sur tel escadron formez la colonne serrée;* 2. *marche.*

Au premier commandement, les chefs des escadrons placés en avant de l'escadron désigné feront faire demi-tour à leurs escadrons, les conduiront contre l'escadron placé derrière eux, feront de nouveau demi-tour et les arrêteront en commandant : *Pelotons en ligne, halte.*

Pour passer de la colonne serrée à la colonne de route, le général commandera : 1. *Formez la colonne de route;* 2. *marche.*

Au premier commandement, les chefs des escadrons de la tête les mettent en mouvement, puis successivement les autres au fur et à mesure qu'ils ont leur distance.

Bien entendu que si l'on doit marcher en arrière, tous les chefs d'escadrons font faire demi-tour à leur escadron après le commandement de : *Pour marcher en arrière,* du général.

Si la colonne serrée était en marche et que l'on voulût former la colonne de route, le général commanderait : 1. *Formez la colonne de route ;* 2. *au trot, marche.*

Dans ce cas, tous les escadrons, excepté les deux derniers, prennent le trot, et reprennent le pas aussitôt qu'ils ont leur distance par rapport à celui qui se trouve derrière eux dans la colonne.

La colonne serrée exécutera les mouvements pour appuyer à droite, à gauche et en arrière, d'après les mêmes prescriptions que la colonne de route.

Dans le cas où l'on aurait à faire occuper à la division l'espace le plus restreint possible, le général commandera : 1. *Formez la colonne serrée en masse;* 2. *marche.*

Pour exécuter ce mouvement, chaque escadron, au lieu de porter ses pelotons en ligne, se massera de la manière que nous avons indiquée aux *Évolutions de l'escadron*, et on en agira avec les escadrons de chaque ligne comme on l'a fait avec les pelotons de l'escadron massé.

Mais ce n'est là qu'une forme tout à fait exceptionnelle, et qu'on ne devra prendre que dans les cas d'absolue nécessité. Aussi ne l'indiquons-nous ici que pour mémoire.

ARTICLE III.

PASSER DE LA COLONNE DE ROUTE A CELLE DE COMBAT, ET RÉCIPROQUEMENT.

Commandements

du général.	*des chefs d'escadron.*
1. Formez la colonne de combat.	1. Formez la colonne de combat.
2. Marche.	2.
	3. Marche.

Au commandement de *marche*, les escadrons placés en tête de chaque ligne font rentrer leurs pelotons en ligne et s'arrêtent; ceux de la deuxième brigade s'alignent contre les jalonneurs placés par les soins de l'état-major général.

Si les escadrons de la première brigade n'ont pas leur intervalle, ils se portent par le flanc à droite (ou à gauche), suivant le cas, s'arrêtent et s'alignent.

Les autres escadrons se portent : ceux de la première brigade obliquement à droite, et ceux de la deuxième obliquement à gauche, sur le point où l'adjudant-major place leur étendard ou guidon chargé d'indiquer l'emplacement du centre de leur première division sur la ligne de bataille. Toutefois les chefs d'escadron auront soin de diriger leur escadron sur un point placé à distance de division au moins, en arrière du guidon, afin de permettre aux deuxième et troisième divisions de conserver leur distance en faisant rentrer leurs pelotons en ligne.

S'il s'agissait de disposer la division pour combattre face en arrière, la seule différence, pour le général, consisterait à commander : *Formez la colonne de combat, face en arrière ;* et pour les chefs d'escadron à faire faire *face en arrière* à leur escadron après avoir répété le premier commandement du général. Après quoi le mouvement s'exécute exactement comme celui de face en avant.

Pour former la colonne de combat face à droite ou à gauche, le général commande : 1. *Formez la colonne de combat, face à droite (ou à gauche)*; 2. *marche.*

Au premier commandement, les chefs d'escadron font rentrer les pelotons en ligne, puis commandent : *Pelotons à droite*, et *marche*, après le général ; ce qui s'exécute dans chaque escadron d'après les prescriptions des *Évolutions de l'escadron.*

Si le général veut arrêter la colonne de combat ainsi formée, il fera placer des jalonneurs devant le front du nouvel escadron de direction, sinon la colonne continuera à marcher en prenant simplement la direction au centre.

En tout cas, la deuxième brigade qui forme la deuxième ligne serre à sa distance ou la laisse regagner à la première dans le cas où elle ne l'aurait pas.

Pour passer de la colonne de combat à celle de route, le général commandera : 1. *Formez la colonne de route;* 2. *marche.*

Après avoir répété le premier commandement, les chefs des escadrons centraux de chaque ligne commandent : pour marcher par le flanc des pelotons; ceux des extrêmes de droite commandent : *Escadron par le flanc gauche*, et ceux de gauche : *Escadron par le flanc droit.*

Au commandement de *marche,* ces escadrons se portent à une distance de marche en arrière de ceux du centre; puis ils font par le flanc droit, ou par le flanc gauche, et enfin marchent par le flanc des pelotons.

Si la colonne de combat est face à droite ou à gauche, et qu'on veuille former la colonne de route, on la remettra, au préalable, face en avant.

ARTICLE IV.

PASSER DE LA COLONNE SERRÉE A LA COLONNE DE COMBAT, ET RÉCIPROQUEMENT.

Commandements

du général.	*des chefs d'escadron.*
1. Formez la colonne de combat.	1. Formez la colonne de combat.
2. Marche.	2. Escadron, par le flanc droit (ou gauche).
	3. Marche.
	4. Escadron, par le flanc gauche (ou droit).
	5. Marche.
	6. Escadron, halte.
	7. Sur le centre, alignement.

Au premier commandement du général les escadrons de la deuxième brigade placés au centre des deux lignes ne bougent pas.

Les chefs des autres escadrons de cette brigade lui commandent : *Escadron par le flanc gauche*, et ceux des escadrons de la première brigade : *Escadron par le flanc droit.*

Au commandement de *marche* tous les escadrons de la première brigade et les extrêmes de la deuxième font par le flanc, gagnent leur intervalle à droite ou à gauche, et lorsque le centre de chacun d'eux arrive à hauteur du guidon placé sur la ligne de bataille par le soin de son adjudant-major, son chef lui commande : *Escadron par le flanc gauche*, et *par le flanc droit* dans la deuxième; puis *escadron halte*, et enfin *sur le centre alignement.*

En général, la seconde ligne attendra pour prendre sa distance que la première marche ou qu'un autre mouvement soit ordonné.

Pour passer de la colonne serrée à la colonne de combat face en arrière, le général commandera : 1. *Formez la colonne de combat, face en arrière;* 2. *marche.*

Au premier commandement, les chefs d'escadron font faire face en arrière à leur escadron, après quoi le mouvement s'exécute comme celui de face en avant.

S'il s'agit de passer de la colonne serrée à la colonne de combat, face à droite ou à gauche, le général commande : 1° *Formez la colonne de combat, face à droite ou à gauche;* 2. *marche.*

Après avoir répété le premier commandement du général, tous les chefs d'escadron commandent : *Escadron en avant*, excepté ceux des deux derniers escadrons de la dernière ligne qui commandent : *Pelotons à droite* (*ou à gauche*). Au commandement de *marche,* ces deux escadrons font pelotons à droite ou à gauche, s'arrêtent contre les jalonneurs placés par les soins de l'état-major général et s'alignent.

Les autres escadrons ne font pelotons à droite ou à gauche qu'après avoir gagné en avant leur intervalle de combat.

Mêmes observations pour la deuxième ligne qu'à l'article précédent.

Si, par exception, on était obligé de former la colonne de combat sur un autre escadron que celui de direction, le général commanderait : *Sur tel escadron, formez la colonne de combat*, et alors ce seraient cet escadron et son correspondant de la deuxième ligne qui, dans le cas de formation de la colonne de combat en avant ou en arrière, ne bougeraient pas. Dans la formation face à droite ou à gauche, l'escadron désigné et celui qui se trouve à sa hauteur dans la colonne serrée, feraient immédiatement pelotons à droite ou à gauche, tandis que ceux qui sont placés devant eux gagneraient leur intervalle en avant et ceux de derrière en arrière.

Pour passer de la colonne de combat à la colonne serrée, le général commandera : 1. *Formez la colonne serrée;* 2. *marche.*

La première ligne exécutera ce mouvement sur place, c'est-à-dire que le premier escadron de la deuxième brigade ne bougera pas, tandis que les autres se porteront par le flanc gauche ou droit à la place qu'ils doivent occuper dans la colonne serrée.

L'escadron central de la deuxième ligne (deuxième brigade) se portera droit devant lui et serrera à la distance prescrite, tandis que les autres prendront leur intervalle par le flanc gauche ou le flanc droit, puis serreront à leur distance par le flanc droit ou le flanc gauche.

ARTICLE V.

MOUVEMENTS DIVERS DE LA COLONNE DE COMBAT.

Commandements

du général.	*des chefs d'escadron.*
1. Escadrons en avant.	1. Escadron en avant, direction à gauche (ou à droite).
2. Marche.	2. Marche.

Dans ce mouvement, la direction générale sera donnée par l'état-major de la division au premier escadron de la deuxième brigade, à moins que le premier commandement n'ait été précédé de celui de *tel escadron de direction.*

Au premier commandement les porte-étendard ou guidon et les guides extrêmes de chaque escadron se porteront en avant, comme il a été prescrit aux *Évolutions de l'escadron.*

L'étendard ou guidon de chaque escadron servira pour sa direction particulière, et son guide placé du côté de la direction servira de jalon à l'adjudant-major pour le maintenir sur la direction générale.

Si la division doit marcher en arrière ou face en arrière, le général commandera : 1. *Pour marcher en arrière* (*ou face en arrière*); 2. *escadrons en avant;* 3. *marche.* Et les chefs d'escadron, après avoir répété le premier commandement, feront faire demi-tour ou face en arrière à leur escadron, suivant le cas; puis le reste du mouvement s'exécutera comme dans la marche en avant.

Pour faire appuyer la division à droite ou à gauche,

le général commandera : 1. *Escadrons, par le flanc droit* (*ou à gauche*); 2. *marche ;* 3. *direction à gauche* (*ou à droite*), cette direction se prenant toujours du côté où la division fait face.

ARTICLE VI.

ARRÊTER LA COLONNE DE COMBAT ET L'ALIGNER.

Commandements

du général.	*des chefs d'escadron.*
1. Garde à vous pour arrêter.	1. Garde à vous pour arrêter.
2. Escadrons, halte.	2. Escadron, halte.
3. Étendards et guidons sur la ligne.	3. Étendard (ou guidon) sur la ligne.
4. Guides sur la ligne.	4. Guides sur la ligne.
5. Étendards et guides à vos places.	5. Sur le centre, alignement.
	6. Étendard et guides à vos places.

Au troisième commandement du général, les étendards ou guidons se portent sur la ligne et y sont assurés par les soins de l'état-major. A cet effet ils font toujours face au centre de la ligne de bataille, lorsqu'elle est composée de plusieurs divisions. Si la division est isolée, les étendards et guidons font face à droite ou à gauche, à la volonté du général.

Au quatrième commandement les guides se portent sur la ligne pour faire face à l'escadron de direction, et sont assurés par l'adjudant-major de leur escadron respectif.

L'alignement s'exécute ensuite d'après les prescriptions des *Évolutions de l'escadron.*

DEUXIÈME PARTIE.

MOUVEMENTS DE COMBAT.

Observations. — La colonne de combat que nous avons fait évolutionner jusqu'à présent n'est à proprement parler que la charpente de l'ordre de bataille de la division.

L'ordre définitif ne se prendra qu'au commandement ou à la sonnerie de *garde à vous pour charger*.

A ce commandement, les escadrons d'avant-garde se replient derrière la première ligne pour lui servir de soutien, et ceux d'arrière-garde se rallient derrière la deuxième pour servir de réserve générale à la division. Au même commandement, chaque chef d'escadron dispose son escadron pour charger en ligne, en fourrageurs ou en masse, comme il le juge à propos, à moins d'ordre spécial de livrer quand même le combat de telle ou telle façon. Il en résulte que les tirailleurs des escadrons de la première ligne couvrent le front de la division en même temps que l'avant-garde se replie.

Bien entendu que le commandement de *garde à vous pour charger* peut se faire immédiatement après celui de *formez la colonne de combat*, et, par conséquent, avant que cette colonne ne soit parfaitement constituée, de telle façon que chaque escadron arrivant à sa place de bataille puisse prendre la forme de combat qui lui convient dans la circonstance, au lieu de perdre son temps à s'aligner.

Répétons ici que les chefs d'escadron saisiront la première occasion d'engager leur réserve. Il en sera de même des colonels qui disposent des soutiens provenant de l'avant-garde. Enfin, chaque général de brigade, à moins d'ordre supérieur, juge de l'opportunité d'engager ses deux escadrons de la deuxième ligne.

Il y a pour la division trois manières de charger : en muraille, en échelons et en échiquier.

La colonne de combat étant déjà formée, les commandements pour la disposer en échelons ou en échiquier seront : 1. *Colonne de combat en échelons, l'aile droite (ou gauche) en avant;* 2. *marche;* ou bien, 1. *colonne de combat en échiquier, les ailes (ou le centre) en avant;* 2. *marche.*

Hâtons-nous de dire, toutefois, qu'en aucun cas on ne sera obligé d'attendre la complète formation de la colonne de combat pour faire ces commandements. — Exemple : le général veut charger un ennemi qui se présente inopinément sur sa droite, il commande tout d'abord : 1. *Formez la colonne de combat, face à droite;* 2. *marche;* puis, jugeant immédiatement qu'il convient de se disposer en échelons, l'aile droite en avant, il commande sans attendre que les nouvelles lignes soient tracées : 3. *colonne de combat en échelons, l'aile droite en avant,* et enfin, le temps pressant : 4. *garde à vous pour charger.* De sorte qu'on évitera ainsi la perte de temps des alignements de la colonne de combat et des échelons, attendu que chaque escadron arrivant à sa place d'échelon, prend immédiatement ses dispositions pour combattre en ligne, en fourrageurs ou en masse, suivant le cas.

Toutes les fois qu'on ne spécifiera pas la distance qui doit séparer les escadrons en échelons ou en échiquier, cette distance sera pour les premiers de 100 mètres, et pour les autres de 200 mètres.

ARTICLE PREMIER.

CHANGEMENT DE FRONT A DROITE (OU A GAUCHE) DE LA COLONNE DE COMBAT.

Commandements

du général.	*des chefs d'escadron.*
1. Changement de front à droite (ou à gauche).	1. Changement de front à droite (ou à gauche).
2. Marche.	2. ....
	3. Marche.

Après avoir répété le premier commandement du général, les chefs des escadrons de droite de chaque brigade commandent simplement : *Pelotons à droite*, et ce mouvement s'exécute au commandement de *marche*, par chacun de ces escadrons, d'après les prescriptions des *Evolutions de l'escadron*.

Quant aux escadrons de gauche, au commandement de *marche*, ils se portent d'abord en avant d'une longueur de déploiement, puis font pelotons à droite, et s'alignent, après avoir marché de nouveau, une longueur de déploiement pour se porter sur leur nouvelle ligne. En un mot, les escadrons de droite de chaque brigade font simplement pelotons à droite, tandis que ceux de gauche parcourent d'abord une longueur de déploiement en avant, puis le même espace sur leur droite.

ARTICLE II.

CHANGEMENT DE FRONT EN ARRIÈRE.

Commandements

du général.	*des chefs d'escadron.*
1. Changement de front en arrière.	1. Changement de front en arrière.
2. Marche.	2. ....
	3. Marche.

Chaque escadron exécutera ce mouvement d'après les prescriptions des *Evolutions de l'escadron*, par un *pelotons demi-tour à droite* (*ou à gauche*), ou par la *contre-marche*.

ARTICLE III.

CHARGER EN MURAILLE.

Commandements

du général.	*des chefs d'escadron.*
1. Garde à vous pour charger.	1. Garde à vous pour charger (soit simplement, soit en fourrageurs ou en masse).
2. Escadrons en avant.	2. ....
3. Marche.	3. Escadron (ou fourrageurs) en avant.
4. Marchez au trot.	4. Marche.
5. Marchez au galop.	5. Marchez au trot.
6. Chargez.	6. Marchez au galop.
	7. Chargez.

Après avoir répété le premier commandement, les chefs des escadrons de la première ligne leur font prendre, d'après les prescriptions des *Evolutions de l'escadron*, la forme qu'ils jugent à propos de leur donner, suivant l'ennemi à combattre et le terrain à franchir.

Au troisième commandement, toute la division se met en mouvement, en se conformant aux prescriptions faites pour la marche générale de la division et pour la marche particulière de chaque escadron, suivant la forme qu'il a adoptée.

La deuxième ligne marche à sa distance derrière la première, jusqu'au moment où celle-ci prend le trot.

En règle générale, lorsque la division est ainsi réunie, le peloton de réserve des escadrons chargeant en ligne ou en masse donne en même temps qu'eux en fourrageurs dans les intervalles, et les chefs d'escadron prennent par conséquent la tête de leur escadron.

ARTICLE IV.

CHARGER EN ÉCHELONS.

Commandements

du général.	*des chefs d'escadron.*
1. Colonne de combat en échelons, l'aile droite en avant.	1. Colonne de combat en échelons, l'aile droite en avant.
2. Marche.	2. ....
3. Garde à vous pour charger.	3. Marche.
4.	4. ....
....	5. ....
	....

Au premier commandement, si la division est au repos, l'escadron de droite de chaque ligne se porte en avant, puis successivement, chacun des autres, quand celui qui le précède l'a devancé de 100 mètres ; et la colonne continue à marcher ainsi jusqu'au commandement de *halte* du général.

Si la division était déjà en mouvement, les escadrons de gauche s'arrêtent au commandement de *marche*, jusqu'à ce qu'ils aient pris la distance prescrite.

Quand la colonne en échelons est formée, si elle continue à marcher, la direction se prendra sur l'escadron de la tête. Il en sera de même dans tous les cas, que cette colonne marche en arrière ou par l'un ou l'autre flanc.

Dans des cas exceptionnels, on peut former les échelons en arrière ou mi-partie en avant et en arrière, en commandant : *Colonne de combat en échelons, l'aile droite (ou gauche) en arrière*, ou bien en désignant à l'avance l'escadron qui doit servir de base au mouvement.

Pour passer de la colonne en échelons à la colonne fondamentale de combat, le général commandera : 1. *Formez la colonne de combat;* 2. *marche*, dans le cas où il voudra faire exécuter ce mouvement sur l'escadron de la tête, ce qui doit être considéré comme la règle générale. Dans le cas contraire, il commandera ; *Sur tel escadron, formez la colonne de combat.*

S'il s'agissait de former la colonne de combat face en arrière, le mouvement s'exécuterait de la même manière, après que les escadrons auraient fait face en arrière.

Enfin, pour passer de la colonne en échelons à la colonne fondamentale de combat face à droite ou à gauche, le mouvement aura pour base les escadrons placés à l'extrémité des deux lignes du côté de la nouvelle face; lesquels bataillons feront immédiatement pelotons à droite et s'aligneront, tandis que les autres viendront s'encadrer entre eux ou former la deuxième ligne en arrière.

Quant aux colonnes de route et serrée, elles se formeront toujours sur les escadrons du centre.

ARTICLE V.

CHARGER EN ÉCHIQUIER.

Commandements

du général.	*des chefs d'escadron.*
1. Colonne de combat en échiquier, les ailes (ou le centre) en avant.	1. Colonne de combat en échiquier, les ailes (ou le centre) en avant.
2. Marche.	2. ....
3. Garde à vous pour charger.	3. Marche.
4.	....
5.	....
....	....

La colonne en échiquier se formera les ailes ou le centre en avant, suivant qu'on voudra agir sur les ailes ou percer le centre de l'ennemi.

Si nous supposons que les ailes doivent se porter en avant, les chefs des 1.er et 4.e escadrons, après avoir répété les premiers commandements du général, commandent : *Escadron en avant;* tandis que ceux des

2e et 3e préviennent les leurs de ne pas bouger ou s'arrêtent, si la division était déjà en mouvement.

Au commandement de *marche*, les 2e et 3e escadrons s'alignent, tandis que les 1er et 4e se portent à 200 mètres ou à telle distance que le général aura indiquée, en avant des deux autres, et s'alignent. Si, par exception, les ailes ne peuvent pas avancer, on fera reculer le centre, et alors le commandement sera : *Colonne de combat en échiquier, le centre en arrière.*

Même observation qu'au précédent article, relativement à la manière de passer de cette colonne à celle fondamentale de combat sur toutes ses faces, et à celles de route et serrée.

ARTICLE VI.

RALLIEMENT ET RETRAITE.

Commandements (ou sonnerie).

Ralliement en avant (ou en arrière).

Chaque escadron de la division opérera son ralliement d'après les prescriptions des *Evolutions de l'escadron*, avec cet avantage qu'il aura son point de ralliement généralement marqué derrière son correspondant de l'autre ligne. Ainsi, supposons que tel escadron de la première ligne ayant donné, son correspondant de la deuxième a marché pour continuer son succès ou réparer son échec, et l'a dépassé ; dans ce cas, cet escadron se rallie en avant et en se raccordant, s'il y a lieu, avec l'escadron de direction de sa ligne, ou avec tel autre que le général donnerait pour base au ralliement.

Si, au contraire, l'escadron est forcé de se rallier en arrière, il le fait simplement en se portant derrière son correspondant de la deuxième ligne.

Quant à la retraite, elle s'opérera dans deux conditions : soit pour se retirer simplement, soit pour protéger celle de l'armée.

Dans le premier cas, que la colonne de combat soit en muraille, en échelons ou en échiquier, elle devra refuser les points menacés et faire bonne contenance sur les autres.

Le contraire aura lieu dans le second cas.

Ainsi, supposons la colonne battant en retraite pour son propre compte : menacée sur son aile gauche, elle devra former les échelons l'aile gauche en arrière; tandis que, si elle avait pour mission d'arrêter l'ennemi, afin de l'empêcher de tomber sur les derrières de l'armée, elle se formerait en échelons l'aile gauche en avant, et chacun de ses échelons ne devrait battre en retraite qu'après avoir chargé ou contribué d'une manière quelconque à tenir en respect les assaillants.

Dans le premier cas, chaque escadron se retire d'après les prescriptions des *Évolutions de l'escadron* pour battre en retraite; et, dans le second, d'après les prescriptions du ralliement en arrière.

Le mouvement en échiquier s'exécutera d'après les mêmes principes, les ailes ou le centre en avant ou en arrière, suivant que les extrémités ou le centre de la division seront menacés, et qu'il s'agira d'arrêter la marche de l'ennemi, ou simplement de se retirer.

FIN.

TABLE DES MATIÈRES

FIN DE LA TABLE DES MATIÈRES.

Paris. — Imprimerie de L. MARTINET, rue Mignon, 2.

www.ingramcontent.com/pod-product-compliance
Ingram Content Group UK Ltd.
Pitfield, Milton Keynes, MK11 3LW, UK
UKHW021200220726
13924UKWH00003B/1242